Jedem Alter wohnt ein Zauber inne

Ausgewählt und zusammengestellt
von Ilka Osenberg-van Vugt

Verlag am Eschbach

*Wir werden nicht jeden Tag
älter, sondern jeden Tag neu.*

Emily Dickinson

DAZUGELERNT

Zu Mark Twain kam ein Siebzehnjähriger und beklagte sich: „Ich verstehe mich mit meinem Vater nicht mehr. Jeden Tag Streit. Er ist so rückständig, hat keinen Sinn für moderne Ideen. Was soll ich machen? Ich laufe aus dem Haus."

Mark Twain antwortete: „Junger Freund, ich kann dich gut verstehen. Als ich siebzehn Jahre alt war, war mein Vater genauso ungebildet. Es war kein Aushalten. Aber habe Geduld mit so alten Leuten. Sie entwickeln sich langsamer. Nach zehn Jahren, als ich 27 war, hatte er so viel dazugelernt, dass man sich schon ganz vernünftig mit ihm unterhalten konnte. Und was soll ich dir sagen? Heute, wo ich 37 bin – ob du es glaubst oder nicht – wenn ich keinen Rat weiß, dann frage ich meinen alten Vater. So können die sich ändern."

Es brächte doch so viele Nachteile mit sich, alt zu werden, sagt mein Enkel. Er hätte darum beschlossen, nicht alt werden zu wollen.

Aber bedenke, sagte ich. Niemand mehr, der dir Vorschriften macht, und wenn doch, ignorierst du sie einfach. Niemand mehr, der dir sagt, was richtig und falsch ist. Niemand mehr, der dich zwingen kann, Dinge zu tun, die du verabscheust. Noch dazu ausschlafen, wie und wann du lustig bist, den lieben langen Tag Katzen streicheln, lesen bis in die Puppen und ansonsten Gott einen guten Mann sein lassen ...

Mein Enkel sieht mich an und versinkt in Schweigen. Schließlich verkündet er, sich die Sache mit dem Altwerden noch einmal zu überlegen.

Doris Bewernitz

ERLEICHTERUNG

Was ich nicht mehr muss, wenn ich alt bin:

Mich beweisen
Heute abwaschen
Lügen
Schritt halten
Es besser wissen
Einen vollen Terminkalender haben
In die Disco
Mich beeilen
Unbedingt noch nach Helgoland
Siegen
To-do-Listen anlegen
Mich verbiegen
Anderen gefallen
Immer das letzte Wort haben
Aufessen

Doris Bewernitz

ALTERSERSCHEINUNGEN

Weitsichtig über den Kleinkram
hinwegsehend, wüsste ich nicht,
dass schon mal eine Krähe
in meinem Gesicht gelandet wäre.
Gut, das Alter hinterlässt so seine Flecken,
oder man lebt näher am Licht,
wie man es nimmt.
Auch hört man die hohen Töne
schlechter und sinnt über die Tiefe nach.
Beim Zählen der grauen Haare
braucht man jetzt doch eine Strichliste,
oder man weiß sich weise. Je nachdem.
Guck mal, die Oma da,
ruft das Kind auf der Straße.
Knacken die Knochen so laut?
Und nein, bleibt alle sitzen im Bus,
ich will meine Standfestigkeit beweisen.
Über ein halbes Jahrhundert, mein Herz,
und immer noch verliebt in dieses
bunte Treiben mit Hand, Fuß und Seele,
bereit für winzigste Wunder.

Sie sind ganz schön wild
für Ihr Alter, sagt mein Arzt.
Mit voller Absicht, antworte
ich ihm grinsend.

Cornelia Elke Schray

Vor einigen Wochen kam ich nach langer Zeit wieder einmal in den Wald, in dem wir als Kinder gespielt hatten. Die Eichen waren noch knorriger und die Buchen noch höher geworden. Alle Bäume ließen ihre Blätter fallen, es war ein einziges rot-gelbes Leuchten auf dem Waldboden, dem ich nun folgte. Mit jedem Schritt geriet ich etwas tiefer in die Vergangenheit.

Vier Mädchen waren wir gewesen, unzertrennlich vom ersten Schultag an. Jedes Jahr im Herbst stopften wir unsere Taschen voller Eicheln, die wir später zum Basteln brauchten. Wir hoben bunte Blätter auf, die wir zwischen Buchdeckeln pressten und auf Papier klebten.

Seither waren 50 Jahre vergangen, und in Gedanken versunken lief ich über den ausgetretenen Pfad, hob Eicheln auf und sammelte bunte Blätter, als ob ich immer noch Pferdchen mit Streichholzbeinen basteln und getrocknete Blätter sammeln würde. Damals hätte ich nie gedacht, dass unsere Freundschaft abrupt enden und wir uns aus den Augen verlieren könnten.

Kurz darauf stand ich auf der Lichtung, wo wir früher stundenlang auf Rehe gelauert hatten. Wahrscheinlich vertrieb unser ausgelassenes Lachen die Wildtiere, denn nie ließ sich eines blicken. Übermütig lief ich durch raschelndes Herbstlaub und dachte an meine Freundinnen.

Ob sie sich wohl an mich erinnerten? Über mir schwankten die Baumkronen, der Himmel zog sich zu und es fing an zu regnen. Ganz in der Nähe war früher eine Hütte gewesen und ich rannte los, um mich unterzustellen. Es war ein einfacher Holzunterstand, an dessen roh gezimmerten Wänden sich im Laufe der Jahrzehnte unzählige Menschen verewigt hatten. Ich erinnerte mich an diesen letzten gemeinsamen Herbsttag, an dem wir hier vor dem Regen Schutz gesucht hatten. Wir Mädchen waren damals bei den ersten gewesen, die ihre Namen in das frische Holz ritzten. Ich musste eine Weile suchen, doch dann fand ich uns wieder: Claudia, Barbara, Sonja und Maren. An diesem Tag hatten wir uns geschworen, gemeinsam durch dick und dünn zu gehen. Ich sah uns auf der Bank sitzen, mit klatschnassen Anoraks und feuchten Haaren, doch es machte uns nichts aus, wir hatten einander und harrten im Unterstand aus, bis die Sonne wieder hervorkam. Vier Freundinnen waren wir gewesen, wir hatten Eicheln und bunte Blätter in den Taschen gehabt und unsere Freundschaft schien unverbrüchlich.

Zu Hause nahm ich das Lexikon aus dem Regal, um die schönsten Blätter zu pressen. So ganz kann man ja doch nicht aus seiner Haut. Dabei fiel eine alte Adressliste heraus und siehe da, darauf fand ich Claudias alte Telefonnummer. Auf gut Glück rief ich an und sprach mit ihrer Schwester. Sie gab mir Claudias aktuelle Nummer, und so kamen wir wieder in Kontakt. Demnächst treffen wir vier uns in unserem Wald zu einem Spaziergang. Ich bin gespannt, wie die Freundinnen von damals aussehen, ob wir immer noch Rehe aufscheuchen mit unserem Lachen. Und ich werde auf jeden Fall das Taschenmesser einstecken, die Namen in der Hütte sind schon etwas verwittert.

Ilka Haederle

LEBEN

Jahre, aufgereiht
Bunte Lebenszeit
Sommerduft am See
Barfuß durch den Klee
Sturm, Gewitternacht
Sorgenvoll durchwacht
Warmer Regenguss
Heimlich erster Kuss
Stolzes Vorwärtsgehen
Zärtliches Verstehen
Wahrheiten benennen
Alles schaffen können
Selbstgepflanzte Bäume
Große, weite Träume
Sehnen, herzensschwer
Und noch vieles mehr
Jahre, aufgereiht
Danke, Lebenszeit!

Doris Bewernitz

Manche sagen, früher wäre alles besser gewesen, aber eigentlich stimmt das gar nicht, findet sie. Ja, früher hatte sie blonde und nicht graue Haare, und sie war etwas schneller unterwegs als heute. Aber ist schneller immer besser? Genau das ist der springende Punkt. Wenn sie zurückdenkt an all die Jahre der Hektik, die der Beruf und auch die Familie mit sich brachten, dann schüttelt sie den Kopf. Oh nein, das war oft gar nicht schön, ständig auf die Uhr schauen zu müssen und von einem Termin zum anderen zu hetzen, immer mit dem schlechten Gewissen, nie alles geschafft zu haben. Und dann immer der Druck, sich selbst und anderen etwas beweisen zu müssen.

Heute muss sie niemandem etwas beweisen. Sie ist, wer sie ist, und das ist gut so. Das ist ungemein befreiend. Sie macht sich nichts aus Moden, denn die kommen und gehen, ebenso die Meinungen der Leute. Sie hat gelernt, auf ihr Herz zu hören und nur die Dinge zu tun, die sie für wichtig erachtet. Sie kann sich das heute leisten. Ihre Kinder sind schon lange erwachsen, sie steht nicht mehr im Berufsleben, und vor allem hat sie jetzt Zeit.

Und sie nimmt sich auch die Zeit, um das Leben zu genießen, die vielen kleinen Details, an denen sie früher achtlos vorbeigelaufen ist – eine Blume auf ihrem Balkon, die in herrlicher Farbenpracht aufgeblüht ist, eine winzige Schnecke auf einem frisch grünen Blatt, den feurigen Sonnenuntergang, die Plüschwolken mit ihren bizarren Formen. Sie nimmt sich nicht mehr so viel vor, sondern lässt sich überraschen, was der Tag jeweils bringt. Sie macht weniger, genießt aber mehr. Und sie hat eine neue Devise für ihr Leben: Der schönste Tag ist heute!

Anna Tomczyk

DAS ICH IST NICHT ALT

Das Ich ist ewig. Gerade neulich hat jemand ge-sagt, weißt du, du bist die einzige Alte, die nicht jammert. Ich habe gesagt, damit würde ich nur Zeit verschwenden. Warum soll ich jammern? Ich weiß, wer ich bin und was mir geschenkt wird; jeden Tag wieder. Ich muss nicht überrascht sein, dass ich nicht mehr ordentlich laufen kann, ich muss nicht überrascht sein, dass die Finger nicht mehr so funktionieren, ich muss nicht über-rascht sein, dass dies oder jenes nicht mehr geht und dass ich Ärzte brauche von jeglicher Fakultät. Gott sei Dank habe ich Ärzte, die nett sind und mir helfen und die es mir erleichtern. Also, was soll ich mich beklagen, was soll ich jammern? Im Gegenteil: Ich muss fröhlich sein und danken, dass mir diese Herbsttage geschenkt werden … Das Leben ist immer noch eine reine Wonne!

Sybil Gräfin Schönfeldt

Vergesslich bin ich manchmal schon. Und ohne Brille geht nichts mehr. Die Haare werden immer grauer. Die Falten immer tiefer. Vor allem die Lachfalten. Die pflege ich besonders. Graue Haare lassen sich viel besser bunt färben als brünette. Die vielen schlechten Nachrichten in der Zeitung möchte ich sowieso nicht mehr lesen. Und Vergesslichkeit ist eine gute Ausrede, wenn man mal dringend eine benötigt.

Jedes Alter hat seine Vorzüge. Ich bin mit meinem gerade sehr zufrieden.

Carola Vahldiek

HERBSTGOLD

Mag sein
dass der Lack ab ist
an einigen Stellen
des grau gewordenen Ichs
Mag sein
dass die Hände faltig sind
und das Lachen fältchenreicher
Mag sein
dass die Blume verblüht ist
die Blütenblätter abgefallen
Jetzt
genieße ich in vollen Zügen
die Süße der Frucht
das Herbstgold
Vielleicht
habe ich das Leben
noch nie so zu schätzen gewusst
es niemals so genossen

Carola Vahldiek

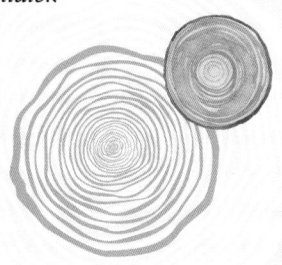

EIN PAAR JÄHRCHEN

Was man nicht versteht wenn man jung ist
Dass Einschränkung auch den Raum weitet
Dass sie ihn nicht nur verkleinert
Sondern auch vertieft
Und verbreitert
Und erhöht
Nein, das versteht man nicht wenn man jung ist
Da muss man schon ein paar Jährchen
Mehr auf dem Kerbholz haben

Doris Bewernitz

FÜNFUNDZWANZIG
Oder: Der Wein im Keller

Mein Schwager und ich waren uns sofort einig. Wir überredeten unseren Schwiegervater, setzten ihn mit uns in ein Auto und fuhren für ein Wochenende nach Escherndorf. Mitten in der Mainschleife, wo es am schönsten ist und der Escherndorfer Lump die feinsten Silvaner der Welt hervorbringt. Lange Jahre war unser Schwiegervater mit seiner Frau dorthin gefahren; leider ist sie viel zu früh gestorben. Doch die Landschaft und die freundlichen Winzer hat er nicht vergessen. Ganz allein den weiten Weg zu fahren, das ist doch etwas beschwerlich, und so haben wir die Entscheidung übernommen. „Wir fahren hin. Und du kommst mit."

Unser Schwiegervater, er heißt übrigens Richard, war begeistert. Also wurde sogleich für das nächste Jahr die nächste Tour geplant. Nun soll es in den Rheingau gehen. Da war er noch nie, und wir auch nicht. Also, los ging es. Der Rheingau ist wirklich eine wunderschöne Landschaft. Auch wenn man keinen Wein mag. Der Rhein liegt wie eingeschmiegt in den Weinbergen, die Sonne glitzert, das Licht und die Farben im Weinberg sind ein Stück vom Paradies. Bei einem Winzer fanden wir Quartier und machten uns – dem Führerschein zuliebe – auf Schusters Rappen auf den Weg durch die Weinberge. Zu den Stätten der geschmackvollsten Rieslinge auf diesem Planeten. Kloster Eberbach, Schloss Vollrads, Schloss Johannisberg.

Nicht zu vergessen die Weingüter mit den bekannten Namen Weil und Allendorf. Letzteren kannte ich noch gar nicht, aber ich werde ihn nie vergessen. Nach einer ganz modern gestalteten Weinführung brachte uns der Winzer in das Allerheiligste seines Weingutes. Der alte Weinkeller. Meine Güte! Zwischen Riesenfässern kredenzte (ich weiß kein anderes passendes Wort) er uns einen seiner Spitzenweine. Seine Brust war stolzgeschwellt, zu Recht, denn der Wein war wirklich phantastisch. Leicht und trotzdem voller Geschmack. Noch stolzer wurde der Winzer, als er uns erzählte, dass die deutschen Weinkritiker diesen seinen Wein auf die Topposition des Jahrgangs gesetzt hatten. Und sie hatten ihm ein „Entwicklungspotential" (heißt: Er wird jedes Jahr der Lagerung noch besser!) von 25 Jahren bescheinigt. Das ist Rheingau-Weltrekord. Der Winzer sprach: „Um das zu überprüfen, müssten Sie nun 25 Flaschen kaufen und jedes Jahr eine probieren. Und dann schreiben Sie mir, wie sich der Wein verändert. 25 Jahre, 25 Flaschen. Kostet nur 500 Euro!" Wir schluckten, nicht nur den Wein. Hinter mir erscholl eine mir vertraute Stimme. „Das mache ich! Ich kaufe die Flaschen. Ich zahle gleich!"

Mein Schwiegervater hatte gesprochen. Mein Schwager und ich schauten uns verwirrt an. 25 Jahre? Schwiegervater hatte gerade seinen 75. Geburtstag gefeiert. Äh, also, nun ja. Was soll man sagen ... Wir sagten nichts, aber er sprach, durchaus im Pathos eines alttestamentlichen Erzvaters: „Wenn ich einmal nicht mehr bin, dann müsst ihr allein weiterkosten. Aber immer am 1. Oktober. Da hatte mein Vater Geburtstag." Er sprach's, er kaufte, und seither treffen wir uns an jedem 1. Oktober bei ihm im Keller und probieren. Wir bemerken tatsächlich die ersten positiven Veränderungen. Aber viel stärker hat sich mein Schwiegervater mit seiner einsamen Weinkellerentscheidung bei mir festgesetzt. Werde ich den Mut haben, mit 75 Jahren für 25 Jahre im Voraus Wein zu kaufen, der sich immer mehr zum Guten verändert? Ich weiß es nicht, aber ich hoffe, dass ich auch einmal solche Größe in mir spüre. Und diese umsetze.

Matthias Schlicht

REIFEZEIT

Wie gut gelagerter Wein
und reifen Käse
macht das Älterwerden auch dich
unverkennbar und verleiht dir Tiefe.

Maria Sassin

ZU DIR WACHSEN

auf dem weg zu dir
bist du schon ganz du
und wächst doch noch
zu dir heran

liebst dich
bist im streit mit dir
und versöhnst dich wieder
wanderst zwischen gipfel und tal

du wirst jeden tag ein bisschen neu
denn du bleibst nicht, wie du bist
bleibst nicht erstarrt stehen
doch du bleibst, wer du bist

einzigartig, wichtig und geliebt
mit ecken und kanten
an einem jeden tag
neu geboren zu dir

Maria Sassin

Egal wie lang wir
Nach Antworten suchen
Irgendwann lassen wir los
Und suchen nach Fragen
Wenn es gut läuft
Hast du am Ende
Mehr Fragen als Antworten
Denn die Fragen sind es
Die das Leben verändern
Immer und immer
Die Fragen

Doris Bewernitz

EIN GANZ SCHÖNER ABSTAND

Ein ganz schöner Abstand ist das
Zwischen mir und den Jungen
Die mich bedauern
Weil ich allein bin
Und nicht wissen
Wie süß Stille sein kann
Wie sie den Träumen Raum gibt
Der Muße, dem Nachsinnen
Die nicht wissen, wie gut es tut
Alles langsam genug zu machen
Endlich bei sich zu sein
Und auch zu sich selbst behutsam
Ein ganz schöner Abstand ist das
Zwischen mir und den Jungen
Die noch immer glauben
Sich schrecklich anstrengen zu müssen
Im Leben

Doris Bewernitz

FÜR DIE SPATZEN SORGEN

Fülle die Wasserschale
Auf bis zum Rand
Damit die Spatzen
Trinken und baden können

Und dann setze dich in den Schatten
Warte und werde still
Sieh ihre Freude
Das ist genug

Doris Bewernitz

REIFE JAHRE

Mehr Lebensmut
mehr Dankbarkeit
mehr Zuversicht
mehr Lebensweisheit
klarere Ziele
mehr Gelassenheit
mehr bewusster Genuss
mehr Wertschätzung
offenere Augen fürs kleine Glück
und ab und zu
ein bisschen jugendlicher Übermut
Der darf auch im Alter nicht fehlen

Carola Vahldiek

Es war in Koroni, einem zauberhaften Städtchen im Südwesten Griechenlands. Meine Familie und ich spazierten durch den Ort, und dabei trafen wir auf einen alten Mann, der aus dem Fenster seines Häuschens schaute. Er verwickelte uns in ein Gespräch und lud uns zu einem griechischen Kaffee in sein Haus. Typisch griechische Gastfreundschaft.

Es war eine schöne Begegnung, bei der sich Thanassis (so hieß der Mann) gefreut hat wie Bolle, dass wir bei ihm waren. Am Ende hatte er aber noch eine Bitte: Wir sollten ihm doch eine Postkarte aus Deutschland schreiben. Auf der auch unsere Namen gut lesbar sind. Klar, wurde ihm versprochen, aber zurück in Deutschland natürlich vergessen, wie es eben oft so ist nach dem Urlaub.

Und wie das Schicksal so spielt, waren meine Frau und ich zwei Jahre später mit Freunden wieder in Koroni und landeten wieder vor Thanassis' Haus. Und wer kommt zur Tür heraus? Na klar, Thanassis! Er erkannte uns, begrüßte uns herzlich, aber beklagte sich auch ziemlich darüber, dass er noch keine Postkarte von uns bekommen habe. Das war uns natürlich peinlich, und als wir zurück in Deutschland waren, hat er dann seine Postkarte bekommen.

Ein paar Jahre später war ich dann nochmal in Koroni, und weil es einfach in einer wunderschönen Gegend liegt, kamen wir wieder am Haus von Thanassis vorbei. Diesmal war er nicht da. Aber seine Haustür war über und über mit Namen beschrieben, Vornamen, liebevoll mit verschiedenen Farben ausgemalt. Eine ganze Tür bunt beschrieben mit Vornamen aus aller Welt und oben links die unseren.

Und warum erzähle ich das alles? Weil es bei der Geschichte von Thanassis um Versprechen und das Halten von Versprechen geht. Ein Versprechen, bei dem jeder Name nicht nur eine Tür bunt gemacht hat, sondern das Leben eines vielleicht einsamen, alten Mannes reich.

Peter Kottlorz

ICH TRÄUME MICH

Ich reise von Küste zu Küste
mit einem Rucksack voll Zeit
mit Federn im Haar
und Gras zwischen den Zehen

mit Flausen im Kopf
immernochimmernoch

Närrisch bin ich?
Na und?
Zu alt, um zu fliegen?
Ach
Keine Angst
Ich träume mich nur

Flügel wachsen mir nicht

Anne Steinwart

WENN ICH ALT BIN

wenn ich alt bin
werde ich jeden Morgen ausschlafen
den Vormittag vergärtnern
verschnippeln und bekochen
mittags unter dem Apfelbaum liegen
den Nachmittag vermalen
oder mit Freunden verplaudern
in der Abendsonne Tomaten ernten
und drei davon der Nachbarin bringen

wird das genug sein?

vielleicht wird es zum Leben reichen
wenn es erzählt vom Wichtigen
vom Einfachen Sorgsamen Liebevollen
von der Freude am Grünen und Blühen
der Freude am Teilen und Anteil nehmen

Frank Fischer

KLEINE FREIHEIT

Ich lade dich ein
auf meinen Vorgartenstuhl
Wir erzählen uns dann
was noch möglich ist
Vielleicht fehlt uns
danach weniger

Gundela Leenen

WIE MAN BEWEGLICH BLEIBT

Einen Sonnenstrahl auflesen
oder auch zwei
aus den Stundenfalten
eines jeden Tages.
Nach den Sternen greifen
von Zeit zu Zeit
oder naheliegenderen Lichtpunkten.
Ein Lächeln wagen
und noch eines
und nie vergessen,
wie es sich anfühlt,
wenn der Wind
sommerleicht
durchs Haar fährt.

Isabella Schneider

Seit ich die 50 überschritten habe, fragte ich mich häufig, was ich in meinem Leben geleistet habe. Letztes Jahr kam die Pandemie, und plötzlich tauchte überall dieses neue Wort auf: systemrelevant.

All die Jahre habe ich bei einer Versicherung gearbeitet und meine Pflicht getan. Ich habe mein Auskommen gehabt und werde im Alter niemandem auf der Tasche liegen, doch etwas wirklich Wichtiges habe ich nicht vollbracht. Ich habe weder einen Partner gefunden, der zu mir passte, und auch keine Kinder in die Welt gesetzt, es hat sich einfach nicht ergeben. Ich habe kein Buch geschrieben, kein Haus gebaut und nicht einmal einen Baum gepflanzt. Kurzum, ich fühlte mich, als hätte ich meine Lebenszeit verplempert.

Neulich erzählte ich meiner besten Freundin von diesem ernüchternden Fazit.

Sie hörte mich an und sagte: „Ich glaube, du hast etwas Wichtiges vergessen."

„So, was denn?" Ich konnte mir beim besten Willen nicht vorstellen, was das sein sollte.

Sie holte tief Luft. „Du hast meinen Kindern vorgelesen und bei den Hausaufgaben geholfen, du hast dir meine Klagen angehört, als meine Ehe am Ende war, du hast mich ins Krankenhaus begleitet, als mein Vater im Sterben lag, du hast Marmelade gegen Liebeskummer für mich gekocht, du hast mir Geld geliehen und es nie zurückverlangt. Du hast mich zum Arzt gefahren, als ich die Diagnose bekam und hast meine Hand gehalten, du hast mich ermutigt, die Krankheit anzunehmen." Meine Freundin machte eine Pause, weil ihr die Puste ausgegangen war. „Dass ich noch hier bin, verdanke ich dir. Findest du das etwa verplemperte Zeit?"

Ich war so gerührt, dass ich kein Wort hervorbrachte. Seitdem bin ich etwas gnädiger mit mir selbst. Ich achte darauf, was ich habe und gut kann, und weniger, was ich alles versäumt habe. Ändern kann ich es ohnehin nicht mehr.

Ilka Haederle

GUT SO!

sprach Gott,
als er sich eines Tages
im Spiegel betrachtete.
Wen sah er da?
Dich und mich,
unsere altgewordenen Gesichter,
unser schütteres Haar,
unsere wachen Augen.
Sogar sehr gut!
freute sich Gott
und lachte.

Bernhard Kraus

WINTERLIEBE

Im Herzen wirkt ein Zauber
am Himmel blinkt ein Stern
fast sind wir stumm geworden
oft nah uns doch auch fern.

Ich seh dich vor mir stehen
gleich hier am Ginsterstrauch
dein Atem zart wie Watte
die Worte feinster Hauch.

Ich höre deine Stimme
ganz nah an meinem Ohr
du sprichst von Winterliebe
und von der Zeit davor.

Von jenen ersten Jahren
als ich mich in dir fand
sie sind noch nicht vergangen
sie sind wie alter Samt.

Verschlissen manche Stelle
darunter kommt zutag
was wir noch hoffen dürfen
was Liebe doch vermag.

Ilka Haederle

BRIEF

Die Haut
wird dünner,
zerknittert,
beschrieben von
Sekunden, Tagen, Jahren.

Wer schreibt mich,
frag ich mich zuweilen,
aufs Pergament der Zeit?

Ist einer,
der die Blätter
sammelt, redigiert und bindet
zum Buch eines Lebens,
das bleibt.

Ist einer,
der uns Menschen liest,
der unsere Namen und Geschichten
kennt und weiterschreibt
in Ewigkeit?

Tina Willms

Je älter ich werde
Umso schlichter wünsche ich mir die Dinge
Umso einfacher die Zusammenhänge
Umso wesentlicher die Worte
Umso klarer die Gesten

Und wer weiß
Vielleicht stellt sich
Eines Tages heraus
Dass in Wirklichkeit alles

Tatsächlich
Niemals so kompliziert war
Wie ich immer dachte

Doris Bewernitz

DURCHLÄSSIGER

Alt werden
Ballast abwerfen
Staunen wie viel
Licht einbricht

Doris Bewernitz

ES GIBT MICH NOCH

Kann ja noch
weinen und lachen
und laufen und laufen

War ich nicht gestern
die gespenstische Alte?
Schlich ich nicht müde
durch finstere Gassen
so müde so alt
und spukte ich nicht?

Bin mal wieder
davongekommen
hüpfe und tanze
und laufe und laufe
so jung
ohne Rückenwind

O ja
es gibt mich noch!

Anne Steinwart

Zu schätzen, was man hat, und zu wissen,
wie kostbar jede Stunde ist,
das sind die wahren Geschenke im Leben.

Doris Bewernitz

Textnachweis:
Doris Bewernitz: S. 4, 5, 11, 18, 24, 25, 26, 38, 39 © bei der Autorin. **Frank Fischer:** S. 31 © beim Autor. **Ilka Haederle:** S. 10, 33f, 35 © bei der Autorin. **Bernhard Kraus:** S. 34 © beim Autor. **Peter Kottlorz:** S. 27f Thanassis, aus: Radiobeitrag „Anstöße SWR 1 BW", am 9. August 2021, © beim Autor. **Gundela Leenen:** S. 32 © bei der Autorin. **Matthias Schlicht:** S. 18ff Fünfundzwanzig, oder: Der Wein im Keller, aus: ders., Burgunder und Oliven. Vom Leben in den besten Jahren, © Patmos Verlag. Verlagsgruppe Patmos in der Schwabenverlag AG, Ostfildern 2020 www.verlagsgruppe-patmos.de **Maria Sassin:** S. 21, 22 © bei der Autorin. **Isabella Schneider:** S. 32 © bei der Autorin. **Sybil Gräfin Schönfeldt:** S. 15 Das Ich ist nicht alt, in: Ottolenghi, was ist das?, aus: ZEIT Magazin 11.11.21 No. 46, S. 26 © Sybil Gräfin Schönfeldt. **Cornelia Elke Schray:** S. 6 © bei der Autorin. **Anne Steinwart:** S. 29, 39 © bei der Autorin. **Anna Tomczyk:** S. 12f © bei der Autorin. **Carola Vahldiek:** S. 16, 17, 26 © bei der Autorin. **Tina Willms:** S. 36 © bei der Autorin.

Bildnachweis:
plainpicture / Franckaparis (Umschlag), DEEPOL by plainpicture / Stefan Isaksson (Vorsatz), plainpicture / Baertels (S. 2), plainpicture_whatapicture (S. 7), plainpicture_Mato / Olimpio Fantuz (S. 14), plainpicture / Stock4B / STOCK4B-RF (S. 23), plainpicture / Baertels (S. 30), plainpicture / BY (S. 37), plainpicture / nico (Nachsatz).
Grafische Elemente: aarrows, AlexGreenArt, brovkin, Petrov Stanislav Eduardovich, alle shutterstock.

4. Auflage 2025
Alle Rechte vorbehalten
© 2022 Verlag am Eschbach
Verlagsgruppe Patmos in der Schwabenverlag AG, Ostfildern
Im Alten Rathaus/Hauptstraße 37
D-79427 Eschbach/Markgräflerland

www.verlag-am-eschbach.de

Gestaltung und Satz: Angelika Kraut, Verlag am Eschbach
Kalligrafie: Ulli Wunsch, Wehr
Herstellung: Grafisches Centrum Cuno GmbH & Co. KG, Calbe
Hergestellt in Deutschland
ISBN 978-3-86917-954-4

Gedruckt auf umweltfreundlichem Papier, ausgezeichnet mit dem EU Ecolabel und FSC®-zertifiziert.
Näheres zur Nachhaltigkeitsstrategie der Verlagsgruppe Patmos finden Sie auf unserer Website www.verlagsgruppe-patmos.de/nachhaltig-gut-leben
Dieses Produkt entspricht den Regeln der EU-Verordnung zur allgemeinen Produktsicherheit (GPSR). Näheres dazu auf unserer Website www.verlagsgruppe-patmos.de/produktsicherheit. Bei Fragen zur Produktsicherheit wenden Sie sich bitte an produktsicherheit@verlagsgruppe-patmos.de

Dieser Baum steht für Erhaltung unserer natürlichen Lebensgrundlagen, umweltschonende Ressourcenverwendung und nachhaltige Herstellung.
Individuell und mit Liebe gemacht.